AF602832

M. FÉTIS

MIS A LA PORTÉE DE TOUT LE MONDE;

PAR F.-C. BUSSET.

II.e PARTIE.

CAMPAGNE DE M. FÉTIS

CONTRE UN HOMME QU'IL NE CONNAIT PAS.

Lasciate ogni speranza, voi ch' intrate.
DANTE. INFERNO, Canto III.

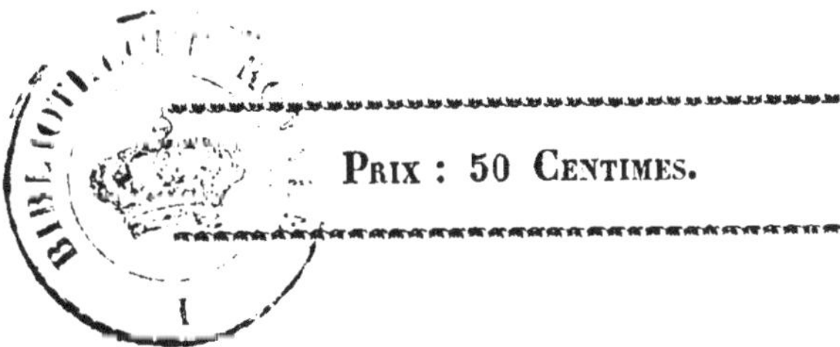

PRIX : 50 CENTIMES.

PARIS,

CHEZ BACHELIER, QUAI DES GRANDS-AUGUSTINS, 59;
ET CHEZ TOUS LES LIBRAIRES ET MARCHANDS DE MUSIQUE.

*

1838.

M. FÉTIS

MIS A LA PORTÉE DE TOUT LE MONDE.

II.e PARTIE.

CAMPAGNE DE M. FÉTIS

CONTRE UN HOMME QU'IL NE CONNAIT PAS (1).

MALGRÉ ma seconde lettre insérée dans *la France musicale*, M. Fétis garde toujours un silence absolu sur les interpellations que je lui ai faites. Il a cependant eu un temps matériel plus que suffisant pour y répondre. Toutefois, sans chercher à expliquer un silence aussi étrange, surtout pour lui, je vais continuer la relation de ce qui s'est passé entre nous en 1836, M. Schlesinger étant toujours notre intermédiaire obligé.

Je vois d'ici nombre de lecteurs se déclarer incompétens pour juger la difficulté qui s'est élevée entre M. *Fétis-Schlesinger* et moi; c'est à tort, et je dois détruire cette erreur.

Sans doute, il s'agit d'ART et de SCIENCE; mais le point à décider est uniquement de savoir si l'intérêt de l'art et de la science, toujours mis en avant par M. Fétis, n'est point un voile dont il couvre un autre intérêt, et si tous ses efforts dans la manière dont il exploite son talent ne sont pas plus nuisibles qu'utiles à l'art et à la science.

(1) Voir la *Gazette* de M. Schlesinger du 28 août 1836, page 299, colonne 2, ligne 12.e

Sans doute, il s'agit d'une question **MUSICALE**; mais elle peut être ramenée à des termes si simples, que la musique y devient comme étrangère, et que ce n'est plus en quelque sorte qu'une discussion de *convenance*, de *lgique*, de *probité*.

Sans doute, il s'agit d'une question de **RÉSONNANCE** et d'**HARMONIE**; mais *le corps sonore* qui produit cette harmonie, et joue ici le rôle principal, n'a ni *la forme*, ni *la couleur*, ni *le volume* surtout d'une *bonne cloche*, ou d'une cloche *moins bonne* : ce corps sonore est jaune ou blanc, en un mot; et chacun connaît sa résonnance, sans avoir étudié les savans ouvrages de *Chladni* et de M. *Savart*. Enfin c'est l'*accord parfait* dont parle Basile (1), cet autre savant musicien dont les moyens de succès, employés par quelques-uns de ses adeptes en tout autre chose qu'en musique, sont rarement, il faut le dire, mis en usage par les musiciens et les véritables artistes. On comprend dès-lors pourquoi M. Fétis trouve la résonnance majeure *seule bonne*, d'où il résulte qu'il doit trouver *moins bonne* la résonnance mineure.

Je dois bientôt, sous peine de me trouver dans une situation pire que celle où M. Fétis s'est placé lui-même depuis long-temps, je dois bientôt donner les preuves de tout ce que j'ai avancé contre lui; mais si le lecteur veut bien me prêter une impartiale attention, je prends l'engagement, lors même qu'il ne saurait pas la musique, de lui faire comprendre jusqu'aux questions musicales dans lesquelles M. Fétis s'est fourvoyé.

Ainsi chacun pourra prendre part au jugement à prononcer, et venir, en parfaite connaissance de cause, déposer dans l'urne sa boule pour ou contre moi.

(1) Barbier de Séville, acte 2, scène VIII.

Je fis paraître au mois de mai 1836, chez M. Henri Lemoine, la première partie d'un ouvrage ayant pour titre LA MUSIQUE SIMPLIFIÉE, en annonçant la publication prochaine de la seconde partie, qui traite de l'harmonie.

Qu'on me permette de le dire (car si j'en parle ici, c'est moins pour en faire trophée que parce que cela tient essentiellement à mon sujet), la *Gazette* de M. Schlesinger du 29 mai, n.o 22, donna à cette publication des éloges qui dépassèrent toutes les espérances que j'avais pu former. Qu'il me soit également permis d'ajouter que cet article, quoique non signé, est de M. Berlioz, dont je n'étais nullement connu avant cette publication, et que j'avais vu pour la première fois quinze jours ou trois semaines avant qu'il parlât de mon livre, ce qui exclut toute idée de *camaraderie*.

A la même époque fut publié le prospectus de *la Géneuphonie*, ouvrage espagnol dont la traduction devait *paraître incessamment* chez Paccini et à Londres.

Ce prospectus donnait de longs détails sur le système *géneuphonique;* et l'éditeur, M. Lecamus, terminait ainsi :

« NOTA. Parmi les effets que pourra produire la pu-
» blication de ce précis, il en est un que l'éditeur de
» la *Géneuphonie* doit s'empresser de prévenir : c'est
» la tentative de composer une méthode d'enseigne-
» ment déduite du nouveau principe *méloharmonique*.

» Un tel ouvrage devant être nécessairement im-
» parfait, et par conséquent nuisible au crédit de la
» nouvelle théorie et insuffisant pour l'élève, est dé-
» savoué d'avance par le propriétaire de la *Géneupho-*
» *nie*. Celui-ci ne répond d'aucune méthode ou leçons
» autres que celles qui composent la dernière partie de
» cet ouvrage, que personne ne connaît encore, et qui

» (on peut l'assurer) *ne sera pas devinée à la lecture* » *de ce précis.* »

En parcourant ce prospectus, il me sembla que l'ouvrage annoncé par M. Lecamus devait traiter, sous le même point de vue que le mien, diverses questions musicales absolument neuves; et, dans le cas possible d'un retard dans la publication de mon traité d'harmonie, je crus devoir prendre acte de cette similitude d'idées, afin de prévenir l'accusation de plagiat formulée d'avance par M. Lecamus.

J'envoyai donc à M. Schlesinger, le 1.er juin 1836, avec prière de lui donner place dans les colonnes de *sa Gazette, l'avertissement qui précédait mon traité d'harmonie, cette publication devant prévenir jusqu'à l'ombre d'un soupçon sur ma bonne foi, dans le cas où la* Géneuphonie *paraîtrait avant la seconde partie de mon ouvrage.* Cette phrase soulignée termine ma lettre insérée dans le n.° 24 du 12 juin, 3.e année; et c'est le 31 juillet seulement que parurent, sous le titre de *Théories musicales*, mes réflexions sur l'harmonie. M. Schlesinger poussa même l'obligeance pour moi jusqu'à les faire précéder de ces lignes :

« M. Busset, auteur de *la Musique simplifiée*, dont la première partie vient de paraître, nous adresse quelques réflexions relatives au traité d'harmonie QU'IL SE PROPOSE DE PUBLIER DANS PEU. Elles ne seront pas, nous l'espérons, sans intérêt pour nos lecteurs. »

Avant de dire l'effet que produisit cette publication, qu'on me permette de faire remarquer qu'elle n'avait pas pour objet d'occuper le public de moi sans utilité. En effet, quoique M. Lecamus *assurât* que le secret de la géneuphonie *ne serait pas deviné à la lecture de son précis*, il n'aurait pas manqué de crier au plagiat, s'il eût trouvé entre la géneuphonie et mon ouvrage la similitude que j'entrevoyais à travers le voile dont il s'enveloppait. Ainsi, quoique je n'eusse rien *deviné*, mais simplement reconnu des idées qui m'appartenaient, quoique je ne partageasse pas toutes celles de l'auteur espagnol, assez développées dans le prospectus de M. Lecamus pour que je pusse parfaitement les comprendre, je fus frappé de la nécessité de protester à mon tour, et surtout à l'avance, contre une accusation qui me semblait inévitable, et au prix de laquelle cependant je n'aurais pas voulu acheter le plus beau succès.

Tout auteur qui se respecte, aurait agi ainsi que je le fis. Cependant j'en fus cruellement châtié. Il est vrai que ce fut M. Fétis qui se chargea de m'apprendre à vivre. On verra bientôt avec quelle *pureté d'atticisme*, quelle *sûreté de tact*, quelle *finesse de critique*, et surtout quelle *adresse de prescience*, M. Fétis parlait d'un ouvrage qui n'était encore qu'en manuscrit, et qui très-heureusement, ainsi qu'on l'a déjà vu (et cela est plus important qu'on ne le pense), n'avait jamais été à sa disposition.

L'un des titres de M. Fétis à la reconnaissance des amis de l'art et de la science, est d'avoir donné en France le goût de la littérature musicale : *car*, dit-il avec vérité (1), *personne (les musiciens pas plus que d'autres), ne lisait SUR la musique, et l'on ne croyait pas qu'il fût possible de former une classe de lecteurs pour un écrit spécialement consacré à cet art.*

Il a donc fallu un mérite réel pour réussir dans une entreprise qui, à l'époque où elle fut faite, n'excitait qu'un médiocre intérêt; et M. Fétis, je me plais à le

(1) *Biographie des musiciens*, page 109, 2.e colonne.

proclamer, s'est montré critique judicieux et historien perspicace tant que deux intérêts puissans ne sont point venus troubler la lucidité ordinaire de son esprit. Long-temps il avait été seul à parler de critique et d'histoire musicale : il a cru qu'il resterait toujours seul possesseur d'un droit qu'il devait à son mérite; et en permettant à quelques *enfans* de gazouiller autour de lui les leçons qu'il voulait bien leur donner, c'était à la condition de se soumettre au mutisme le plus absolu, au moindre signe de sa baguette, attendu qu'il ne voulait à aucun prix se voir troubler dans son omnipotence.

Mais M. Fétis oubliait que les enfans grandissent, et que si le plus mutin reçoit sans mot dire une correction juste, allât-elle jusqu'à la cruauté, souvent le plus timide se révolte lorsqu'on le fustige impitoyablement et sans cause.

M. Fétis aurait dû savoir qu'un pédant qui frappe sans cesse, par cela seul qu'il a une férule à la main, finit par ameuter contre lui cette jeunesse à laquelle il ne sait commander ni l'estime ni le respect, et qui, pour se venger de l'injustice de ses colères, épie *l'indiscrétion* de ses songes, et, par une simple espièglerie, le fait choir de sa chaire, où il s'est endormi, au moment même où il rêve son apothéose.

Si, tourmenté de la fièvre du véritable artiste, M. Fétis se fût montré l'ami sincère de l'art; si, laissant glaner dans le champ qu'il moissonnait, et dépouillant tout intérêt égoïste, il eût loué, ou simplement encouragé tout ce qui méritait d'être applaudi, en ne blâmant que ce qui pouvait nuire à la scienee, et *fausser les idées de ceux qui s'en occupent* (1), c'est

(1) Voir *Gazette musicale*, n.° 35, 3.e année, page 300, colonne 1.re, ligne 2.e

alors que M. Fétis eût atteint sûrement et véritablement le but vers lequel tendaient tous ses efforts; et il est possible qu'en cessant d'être le seul écrivain sur la musique, il fût encore demeuré le premier entre ses émules et ses rivaux.

Mais, nouveau *Narcisse*, M. Fétis a pour ses œuvres et pour sa personne un amour passionné qui l'a perdu. Un éloge donné à un autre nom que celui de Fétis lui cause des vertiges, le compte-rendu favorable d'ouvrages autres que les siens lui donne le cauchemar.

Dans cet état, il veut combattre quand même; mais lorsqu'il croit transpercer son adversaire, pourvu que celui-ci résiste en se tenant d'à-plomb, loin d'avoir rien à craindre de son délire, il va devenir un point d'appui funeste à M. Fétis, qui, dans l'aveuglement de sa colère, prend souvent sa lance par le fer.

Cette folle passion pour lui-même a fait commettre à M. Fétis plus de bévues qu'on n'en peut reprocher à tous les auteurs pris ensemble. Elle l'a fait tomber dans les contradictions les plus extraordinaires et les plus curieuses; et, soit qu'il ne comprît pas ce qu'il écrivait, soit qu'il comptât pour toujours sur le silence qu'on avait gardé sur toutes ses incartades, jamais auteur ne porta plus loin que lui le mépris de sa propre réputation, ne poussa plus loin l'oubli du respect qu'il doit au public. Et n'est-ce pas l'insulter *à tant la ligne*, que de lui débiter, comme il le fait chaque jour, des contradictions dont rougirait un écolier vaniteux ?

Ce n'est pas légèrement que je porte contre M. Fétis des accusations aussi graves : mais, avant d'aborder ce sujet, je dois encore expliquer comment M. Fétis a pu si long-temps abuser le public sur le secret de la comédie qu'il joue depuis plus de dix ans.

Il y a dans la musique un mystère tel que ce qu'on a dit jusqu'ici sur la théorie de cette science peut être mis au rang des conjectures; et, pour que M. Fétis ne conteste pas cette assertion, je vais rapporter un *petit discours* qu'*il prête* à l'illustre Lagrange (1); *discours* qui, pour le dire en passant, dénote chez M. Fétis la mémoire la plus *ingénieuse*, sinon *la plus heureuse.*

« *Il y a quelque chose dans votre art que je ne conçois pas*, disait le célèbre géomètre. *Nous croyons* » *tout expliquer avec nos proportions numériques et* » *le tempérament: cependant les dénégations de certains musiciens pourraient bien n'être pas aussi* » *mal fondées qu'on le croit, et peut-être Rameau* » *s'est-il fourvoyé. IL Y A VRAISEMBLABLEMENT QUELQUE CHOSE D'INCONNU OU* » *SE TROUVE LA VÉRITÉ. Je me suis beaucoup* » *occupé de cela, mais l'élément me manque. Il y* » *aura beaucoup de gloire pour celui qui découvrira ce* » *CRITÉRIUM caché depuis tant de siècles, et qui* » *s'est dérobé à tant d'efforts. Vous devriez y songer :* » *cela vaut bien le dévouement d'une vie tout entière.* » Je reviendrai nécessairement sur *cet ingénieux apologue*, que je ne cite en ce moment que pour prouver qu'il existe dans la musique un mystère connu seulement de M. Fétis, et dont il nous parle toujours sans le mettre à la portée de notre intelligence.

Or, comme Dieu, en se révélant par intuition à M. Fétis, lui a ordonné de garder son secret sous peine.... *de ne pas vendre ses livres*, M. Fétis obéit à Dieu, qu'il craint moins encore que l'oisiveté de son imprimeur. Et voilà précisément pourquoi M. Fétis rend son

(1) Biographie universelle des musiciens, *article Fétis*, page 106.

style tout-à-fait inintelligible : ce n'est pas sa faute, cela tient à sa position.

Pour un maître de chapelle, M. Fétis a l'humeur très-belliqueuse; toutefois il n'engage ou n'accepte jamais la lutte sans la conviction d'ajouter un nouveau fleuron à sa couronne. Il n'entre en lice qu'après avoir échelonné avec un talent stratégique admirable les auxiliaires qu'il choisit, soit parmi les auteurs contemporains, soit même parmi les auteurs morts, qui tous, morts ou vivans, seraient bien étonnés s'ils entendaient les discours ou les opinions qu'il leur prête. M. Fétis veut la victoire à tout prix : témoin *les paroles fausses* attribuées à Hahn, auteur de la *Campanologie* (1); témoin les paroles vraies empruntées à Chladni et à M. Savart, quoiqu'elles fussent en contradiction manifeste avec l'opinion personnelle de M. Fétis, qui avait dit, très-judicieusement selon moi (2) : *C'est une erreur trop long-temps prolongée que celle qui fait dépendre du calcul la théorie de la musique, etc.* Ce n'est donc point à tort que je disais dans la lettre refusée par le gérant de la *Gazette : Pour M. Fétis, citer quelques noms puissans, est un signal de détresse, c'est son canon d'alarme.*

Ainsi donc, placé au milieu d'une armée d'auteurs, ou simplement de leurs ouvrages imprimés et *manuscrits*, dont il a toujours les mains et les poches pleines, ils lui servent, selon l'occasion, de projectiles ou de plastrons ; et si par hasard l'un d'eux refuse à M. Fétis le service qu'il attend de lui s'il est menacé d'une égratignure, M. Schlesinger, que son amitié attentive

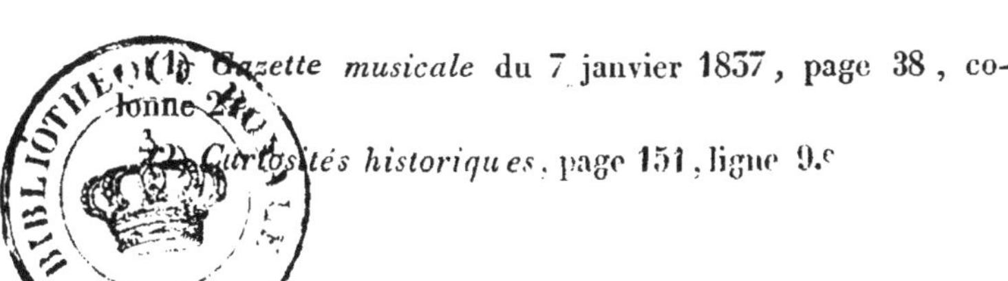

(1) *Gazette musicale* du 7 janvier 1837, page 38, colonne 2.

(2) *Curiosités historiques*, page 151, ligne 9.e

tient aux aguets de ce qui se passe, M. Schlesinger, à un signe de tête de *son bon*, de *son excellent* ami et collaborateur (1), vient s'interposer entre les deux combattans, en leur déclarant qu'ils sont également satisfaits.... Bon gérant!... excellent ami!... Odry et Alcide Thousez sont bien moins amusans que vous, et vous remplissez infiniment mieux qu'ils ne pourraient le faire, le rôle que vous a donné M. Fétis.

Après ces éclaircissemens indispensables sur la tactique de ce *grand guerrier*, je reviens à ce qui m'est personnel, et je vais donner la relation de son plan de campagne contre moi.

J'ai dit que mes *Réflexions sur l'harmonie* parurent dans la *Gazette* du 31 juillet 1836, laquelle fut remise à M. Fétis pendant qu'il était à la bibliothèque du conservatoire de Bruxelles. En la lisant, M. Fétis eut une attaque de nerfs violente: mon audace seule en fut cause, et je la lui aurais épargnée assurément si j'avais alors connu son irritable *sensibilité*.

Dès ce jour il jura ma perte; et, semblable à Micromégas, qui réunit une armée de géans pour appréhender au corps un Lilliputien, après avoir formulé, dans la matinée du 6 août, son réquisitoire contre moi, il partit *avec armes et bagages et enseignes déployées*, bien certain d'obtenir tous les honneurs de la guerre, comme le dit M. Schlesinger (2). Se dirigeant sur Paris, où il aurait voulu voler par un moyen quelconque, fût-ce même par le télégraphe, il vint à marche

(1) Voir la *Gazette* du 1.er novembre 1835, page 1.re, 2.e colonne.

(2) *Ibidem*, 2.e colonne.

forcée camper au milieu de l'élite de son armée (1) le 27 du même mois, c'est à dire après 21 jours de marches pénibles, dans la cour de M. Schlesinger; et, comme il avait appris, dans la *Gazette* du 3 mai 1835, que *le bon gérant* ne pouvait recevoir une punition plus cruelle qu'en entendant un de *ses discours nasillards*, il lui débita, d'un ton que, par malice, il

(1) Ne voulant pas que le lecteur croie que, comme M. Fétis, j'avance des choses dont il m'est impossible de donner la preuve, voici les noms des auxiliaires qu'il se choisit dans son expédition contre un homme *qu'il ne connaissait pas*. On peut les vérifier dans le réquisitoire de M. Fétis : je les ai cités dans l'ordre où ils y sont inscrits.

Zarlino.	Tartini.	Reicha.
Zacconi.	Baillère.	Marpurg.
Louis Viadana.	Jamard.	Kock.
Emilio del Cavaliere.	Vandermonde.	Albrechtberger.
Peri.	Derode.	Asioli.
Alexandre Guidotti.	Blein.	Selvaggi.
Gasparini.	Roussier.	Monteverde.
Gruger.	Keller.	Alexandre Scarlatti.
Rameau.	Sabbatini.	Rossini.
Kirnberger.	Vogler.	Beethoven.
Catel.	Langlé.	Weber.
Haydn.	Kollmann.	Daussoigne.
Mozart.	Schicht.	Halevy.
Cherubini.	Logier.	Riffaut.

Je pousse même le scrupule de conscience jusqu'à ne pas comprendre dans ces noms ceux de MM. Meyerbeer, Onslow, Paer, Berlioz et Bertini, par cela seul que j'avais invoqué leurs témoignages, et que M. Fétis *les connaît assez* pour ne rien croire des paroles que je leur avais prêtées, comme on va le voir.

rendit plus *nasillard* encore, cette philippique contre moi, laquelle parut dans la *Gazette* du lendemain 28 :

« Monsieur,

» Rien ne me paraît plus affligeant que de voir la difficulté qu'il y a de faire faire des progrès réels, non à la science de la musique en elle-même, mais à ceux qui s'en occupent, *et qui, malheureusement, en écrivent*. La littérature musicale nous offre des multitudes de livres écrits par des gens qui, après avoir pris quelques notions plus ou moins imparfaites de cette science, se sont mis à en raisonner à la légère, sans connaître ce qu'on avait fait avant eux, ou sans avoir compris ce qu'ils avaient lu. Ils confondent tout, ne savent point distinguer la différence des temps où parurent les théories diverses, et n'en saisissent point l'enchaînement. Pour eux il n'y a que des opinions différentes dans ces théories, incapables qu'ils sont d'apprécier la valeur de chacune ; et ces opinions leur semblent en tout point contradictoires. C'est donc en vain qu'à des vérités anciennement découvertes s'ajoutent de temps à autre des vérités nouvelles, corollaires des premières. Les conséquences d'une vérité étant perdues pour eux, ils se persuadent toujours que tout est à refaire.

» L'harmonie est une des parties de la musique sur lesquelles il y a le plus d'erreurs répandues à ce sujet, et qui donnent lieu aux déclamations les plus oiseuses. J'en trouve une nouvelle preuve dans les paroles singulières d'un M. Busset *que je ne connais pas*, et qui a pris la peine de nous apprendre, dans le numéro 31 de la *Gazette musicale*, qu'il a fait un traité d'harmonie. Suivant lui il n'y aurait pas encore un seul traité de cette science dont on pût se servir utilement pour l'enseigner ; ils seraient même un obstacle aux progrès de l'art ; ils seraient calqués les uns sur les autres ; enfin, on n'y trouverait point les lois aussi simples que naturelles de la science, lois dont la découverte était réservée à M. Busset.

» De telles assertions, débitées avec le ton d'assurance qu'on remarque dans le style de ce Monsieur, et propagées par un journal spécial tel que la *Gazette musicale*, peuvent être prises à la lettre, et *fausser* les idées des amis de l'art sur la science dont il s'agit. Ces considérations me déterminent à vous écrire, Monsieur, cette lettre, que je vous prie d'insérer dans un de vos prochains numéros. J'espère y démontrer que M. Busset ne sait pas quel est l'objet de l'harmonie considérée comme science; qu'il n'a pas les premières notions de sa formation et de ses progrès; qu'il n'a pas compris ce qu'il a lu sur ce sujet, et que toutes ses critiques tombent à faux. Cette lettre sera malheureusement fort longue: car il n'y a pas une phrase du morceau donné par M. Busset qui ne soit une erreur, ou qui ne rappelle des préjugés répandus dans une multitude de journaux, de pamphlets et de mauvais livres.

» Si l'on en croit M. Busset, Rossini, Meyerbeer, Onslow, Paer, et de plus MM. Berlioz et Bertini, auraient dit, comme une vérité incontestable, que *rien n'est plus difficile à faire qu'un traité d'harmonie.* J'ignore si Meyerbeer, Onslow, Paer et Rossini ont dit cela, mais je les connais assez pour n'en rien croire. Au surplus, ils ne sont point juges de telles choses. Doués de manières différentes *de l'instinct* de l'harmonie, ils ont les qualités nécessaires pour apprécier l'effet des agrégations de sons et des modulations qui frappent leur oreille ou qui se produisent dans leur pensée; mais *ils ne possèdent pas les premières notions* des lois philosophiques qui enchaînent ces faits les uns aux autres, parce que ces connaissances exigent beaucoup de réflexions, de longues études spéciales, et UN GÉNIE de science plus rare que le génie de création dans l'art. C'est pourtant cette vérité prétendue qui met en émoi M. Busset, et qui lui fait craindre d'ajouter un livre inutile à beaucoup d'autres. Il y a en effet beaucoup de livres de cette espèce, et celui de M. Busset pourra bien en augmenter le nombre; mais Onslow, Meyerbeer, Paer et Rossini n'ont sans doute pas voulu dire qu'il fût difficile d'en faire de meilleurs. Je sais que grand nombre de tristes bouquins ont été donnés au public comme d'excellens traités d'harmonie; et que les auteurs de ces pauvretés tiennent dans leurs préfaces des discours à peu près semblables à ceux de M. Busset, pour prouver qu'à eux seuls était réservé l'honneur d'enseigner cette science; mais au milieu de tout cela trois ou quatre hommes ont paru, qui, par l'enchaînement de leurs travaux, ont fait de l'harmonie une science complète, parfaite, et à laquelle il n'y a plus rien à ajouter, dans l'ordre actuel de l'échelle musicale et de la tonalité.

Cet exorde achevé, M. Fétis fait un *exposé rapide de l'histoire, de l'origine et des progrès de cette science considérée comme science, et non comme art.*

Je reviendrai nécessairement sur cette partie du travail que s'imposa M. Fétis à mon sujet; et l'ajournement en est d'autant plus important, qu'il y brille un éclat d'érudition tel qu'*on n'y voit que du feu,* et que si le lecteur allait s'en trouver ébloui, il ne pourrait peut-être apercevoir que très-difficilement ce que j'ai encore à mettre sous ses yeux.

Après avoir parlé d'une *Méthode abrégée d'harmonie et d'accompagnement* qui parut en 1821, et dont le texte et les exemples sont renfermés en 25 pages, il revient à moi, et s'écrie :

» Que devient donc, à côté de cette énumération de systèmes si différens entre eux, l'assertion de M. Busset exprimée en ces mots : « Tous ces ouvrages sont calqués les uns sur les autres, » c'est-à-dire que l'idée première est la même. On a fait une » classification d'accords à laquelle on se garde bien de tou- » cher. C'est un cercle de bronze, ou qu'on n'a pu briser, ou » dont personne n'ose sortir!

» Le résultat de tant d'efforts réunis ne viendrait-il pas nous » révéler que ce n'est pas dans ce cercle que se trouve la vé- » rité?.... »

» D'abord, il est fort inexact de dire qu'on a fait une classification d'accords dont on n'a pas osé sortir, et dont on s'est fait un cercle de bronze qu'on n'a pu franchir: car on a fait cent classifications différentes basées sur des considérations diverses.

» Ensuite, que doit-on penser d'un homme qui a la prétention de faire un livre nouveau sur l'harmonie, et qui demande si la vérité ne serait pas en dehors du cercle d'une classification d'accords? Cet homme, évidemment, ne comprend pas que l'harmonie est une science synoptique qui n'a d'existence que par une classification d'accords. Il en a fait l'art d'écrire, qui ne peut se trouver que dans le contre-point, c'est-à-dire dans la méthode pour combiner les sons deux à deux, trois à trois, quatre à quatre, etc., dans toutes les conditions possibles d'agrégation! Et c'est quand on est capable de tomber dans de telles erreurs, qu'on s'élève en critique audacieux de la science et de ceux qui l'ont faite!

» Ecoutez encore M. Busset s'écrier: « Ces signes, ces sys-
» tèmes différens, sont autant de lois arbitraires qu'on a impo-
» sées à la nature, au lieu de la loi simple dont j'ai parlé plus
» haut; ce sont autant d'entraves pour le vulgaire; mais, ainsi
» qu'on l'a dit, je crois, *la nature fait les lois, et n'en reçoit*
» *pas; et le génie brise les entraves, et crée les règles!* »

» M. Busset ne sait de quoi il parle. **IL N'Y A POINT DE RÈGLES ARBITRAIRES DANS L'HARMONIE.**

».... Je frappai d'étonnement un auditoire composé de musiciens distingués qui assistaient en 1832 au cours de philosophie et d'histoire de la musique que j'avais ouvert, lorsque je fis entendre quelques-unes des harmonies et des successions d'harmonie que j'avais trouvées *à priori* par la solution de ce problème. Ces harmonies inconnues et non encore pratiquées sont au nombre de cent soixante-seize. Elles appartiennent à la musique future, et composent cet ordre absolu d'harmonies et de tonalité que j'appelle *ordre omni-tonique*. Certes l'art sera en cet état à son dernier période d'avancement. Cependant j'ai pu en formuler les règles par anticipation, parce que tous les faits me sont connus d'avance par l'analyse. Ces règles ne sont pas plus arbitraires que les autres: elles sont aussi le résumé de l'art tel qu'il sera dans un temps donné.

» Je finirai cette lettre en faisant remarquer une autre erreur de M. Busset, non moins singulière que les autres. Selon lui le nombre des harmonistes est fort borné en comparaison de celui des individus qui sont heureusement organisés pour l'harmonie, et il attribue cette anomalie aux difficultés dont la science est hérissée. Des faits répondront péremptoirement à cette fausse assertion. Depuis quarante ans plus de quinze cents personnes ont appris l'harmonie au Conservatoire, et dans ce nombre environ deux cents sont connues assez habiles pour pouvoir enseigner *eux-mêmes* cette science, et elles ont formé dans le monde beaucoup d'élèves capables d'écrire et d'accompagner. Depuis seize ans MM. Daussoigne, Halevy et Riffaut ont été chargés d'enseigner l'harmonie et l'accompagnement, et tous se sont distingués par leur facilité à apprendre cette science. Enfin, dans l'espace d'un mois j'ai pu faire comprendre à fond tout le système de l'harmonie à vingt-deux élèves du Conservatoire de Bruxelles, et les conduire avec rapidité à l'étude plus sérieuse du contre-point.

» Vos lecteurs pourront juger, par tout ce que je viens de dire, du peu de valeur de toutes les déclamations de M. Busset contre la science actuelle de l'harmonie; science qui, *je le répète*, est *maintenant arrivée à sa perfection.*

» Agréez, etc.

» Fétis. »

Ce discours achevé, je fus décrété de prise de corps, et mon manuscrit condamné à être saisi par M. Fétis pour savoir s'il devait être déchiré par la main du *bourreau*, qui autrefois *n'en faisait pas d'autres.*

Je suis le type du badaud parisien, et l'on me trouve toujours aux premiers rangs lorsque quelques groupes se forment sur la place ou dans la rue pour voir Bobèche ou les puces travailleuses. J'étais donc à la porte cochère du n.° 97 de la rue Richelieu, voyant tout sans rien entendre, et fort préoccupé surtout de la posture du *bon gérant*, qui, à genoux, la tête basse, les mains jointes, et assis sur ses talons, semblait attendre son arrêt : c'était le mien qu'on venait de prononcer ! . . . .

Tout à coup il m'aperçoit, se lève, et se précipite vers moi en montrant une joie dont je fus pénétré ; et, me prenant la main avec cette bonhomie qui va droit au cœur, il me conduisit vers son ami. . . . Mais qu'est-il besoin de répéter ce que j'ai déjà dit (1)? Le lecteur connaît le danger que j'ai couru, et le miracle par lequel je fus sauvé ! ! !

(1) Voir la première partie, pag. 28, ligne 21.e

Le moment de fuir me fut annoncé par un rêve affreux dans lequel le géant me mit dans ses secrets les plus intimes. Il est fâcheux de rêver quand on parle, mais il n'est pas moins dangereux de parler quand on rêve.

Je sortis donc de ma retraite avec la plus grande précaution; et, comme les eaux d'Aix m'avaient été ordonnées, je m'y rendis immédiatement sans m'être expliqué pourquoi j'avais été ainsi offert par M. Schlesinger en holocauste à SON DIEU!

C'est donc seulement à mon retour, et en lisant la *Gazette* du 28 août, que je compris la cause du danger que j'avais couru. J'écrivis aussitôt la lettre suivante à celui qui, s'étant créé le grand prévôt des harmonistes passés, présens et futurs, s'en va guerroyant le braquemart au poing, en frappant d'estoc et de taille tous ceux qui osent s'occuper de la science musicale, et *qui, malheureusement, en écrivent*...... sans son aveu.

« A M. FÉTIS,

» MAITRE DE CHAPELLE DU ROI DES BELGES.

» MONSIEUR,

» J'étais aux bains d'Aix en Savoie, lorsque parut le numéro de la *Gazette musicale* où vous avez bien voulu vous occuper de moi : c'est à cette seule cause que vous devez attribuer le retard que j'ai mis à vous en remercier.

» Je suis *ce M. Busset que vous ne connaissez pas;* moi, je vous sais par cœur, ainsi que toutes vos œuvres : vous vous en apercevrez quand j'aurai le temps de vous le prouver, ou si vous me mettez dans cette nécessité.

» Tout *audacieux* que vous m'ayez reconnu, ma hardiesse ne va pas jusqu'à ramasser le gant que vous m'avez jeté si dédaigneusement.

» Je connais la grandeur de votre main, et je sais que la seule partie de ce gant où vous logez votre petit doigt suffirait pour tenir en prison un pygmée tel que moi : je viens donc en toute humilité vous demander pardon de cette *audace* qui vous a déplu, en vous faisant connaître la source des nombreuses erreurs dans lesquelles je suis tombé.

» Il faut convenir que si l'horrible soufflet de paysan que vous me destiniez (ces rustres les donnent toujours à poing fermé), si ce soufflet était tombé sur ma joue, c'était fait de moi et du traité d'harmonie que j'annonce; mais je suis si petit, et vous si **GRAND**, que vous n'avez pas pu vous baisser au point d'arriver jusqu'à moi; et c'est *un M. Fétis que je ne connais pas*, probablement l'un de vos frères ou cousins, mais à coup sûr votre homonyme, auteur des *Curiosités historiques de la musique*, qui a reçu précisément au milieu de la face l'horion que vous me destiniez. C'est vraiment une justice du ciel : car il est impossible de se faire une idée *du ton d'arrogance qu'on remarque dans le style de ce Monsieur*, quand *il débite* ses absurdités.

» Vous saurez donc que, trompé par la similitude des noms, je croyais que vous étiez l'auteur de ce livre; et, comme j'ai une immense confiance dans tout ce que vous *dites*, je m'étais imaginé, sur son *dire*, qu'il y avait encore quelque chose à faire à l'édifice harmonique : car il engage chacun à y travailler.

» Or j'ai cru que je pouvais glaner, dussé-je ne rapporter qu'un seul épi au phalanstère.

» On lit à la page 152 de son livre :

« On ne saurait trop multiplier les traités élé-
» mentaires de musique, les solféges, les méthodes
» de chant, et en général tous les ouvrages qui ont
» pour objet de populariser les principes d'un art dif-
» ficile. »

» Vous voyez qu'il est impossible de rien dire de plus encourageant, et je me suis laissé prendre au piége.

» Mais voici qui est bien autrement singulier, d'après ce que je vois dans votre article à mon sujet.

» On lit, page 151 des *Curiosités*, dernier alinéa :

« Il n'en est pas de même des rapports métaphy-
» siques : tout est à faire en ce genre ; et *l'on ne pour-*
» *ra donner de règles satisfaisantes de tonalité, de*
» *modulation, et de mille autres choses,* que lorsqu'on
» aura découvert les raisons morales de l'affinité des
» sons eu égard à notre organisation. »

» J'ai copié fidèlement ce passage, en soulignant les mots que je veux vous faire remarquer.

» En lisant ces lignes, je me suis dit :

» Puisque M. Fétis assure de semblables choses, il faut qu'elles soient vraies : car c'est un furet de bibliothèque.

» M. Fétis, qui s'en va butinant dans toutes les bibliothèques de l'Europe, et qui dispose selon son bon plaisir de tous les trésors qu'elles renferment, M. Fétis suit les préceptes qu'il donne : il écrit beaucoup sur l'art musical.

» Or il ne nous a pas donné de règles satisfaisantes *de tonalité, de modulation et de mille autres choses :* d'où il résulte qu'il n'a rien trouvé de cela dans les nombreux ouvrages et manuscrits qui lui ont passé par les mains.

» Par conséquent on peut et on doit chercher ces règles dans l'observation des faits.

» Donc je puis me mettre en quête aussi bien qu'un autre, puisqu'il y convie tout le monde sans exception et de si bonne grace.

» Aujourd'hui vous prétendez que *trois ou quatre hommes ont fait de l'harmonie une science complète, parfaite, et à laquelle il n'y a plus rien à ajouter*. Avouez que, si ce n'est à regret que vous avez été forcé de dire *trois ou quatre hommes*, il y a eu au moins une immense modestie à vous de partager avec deux ou trois anonymes la gloire qui n'appartient qu'à vous seul : car il est facile de voir, par les colonnes qui suivent la phrase que je viens de citer, que vous êtes, à vous seul, cette *trinité harmonique* qui, depuis 1821, *a rendu la science complète et parfaite ;* et, à moins que vous ne soyez le représentant d'une raison sociale harmonique (ce qui est fort possible), vous êtes le seul auteur de ce livre.

» Mais cet ouvrage est de 1821 ; or, forcé de m'en rapporter à ce que disent les habiles, et aucun d'eux n'ayant encore assuré que la perfection était atteinte, je ne le croyais pas.

» D'un autre côté, les lignes traîtresses qui m'ont fourvoyé sont de 1830 ; elles me semblaient de vous ; de vous, auteur de l'ouvrage que je regardais comme *le plus propre à former un harmoniste* (1).

» Par conséquent, en vous entendant affirmer en 1830 qu'il y avait *mille choses* à découvrir en harmonie, je ne pouvais croire que tout était parfait depuis 1821.

» Donc, si je suis coupable, c'est la faute de *l'autre*,

(1) Préface de *la Musique simplifiée* (mélodie).

et non pas la mienne, et lui seul méritait le soufflet; ne le regrettez pas !

» Il me semble cependant que c'est alors que vous auriez dû réclamer : car les réflexions de ce *M. Busset* étaient sans danger pour vous, tandis que les assertions de votre homonyme étaient bien autrement alarmantes pour vos intérêts. Ecoutez ce qu'il dit à la fin de la page 155 et au commencement de la suivante :

« Néanmoins il se peut que de nouvelles considéra-
» tions, des aperçus plus simples, se présentent à l'es-
» prit de quelqu'HARMONISTE FUTUR, et lui fournissent
» la base de quelque théorie nouvelle et meilleure.
» Gardons-nous donc de rejeter les innovations
» qu'on pourrait proposer, par cela seul que ce se-
» raient des innovations, et ne croyons pas qu'il n'y
» ait rien au delà de ce que nous avons aperçu. »

» En lisant ces lignes, qui n'eût été trompé, comme moi, par la similitude des noms? qui n'eût admiré, ainsi que je l'ai fait, le langage rationnel et philosophique d'un auteur consciencieux qui paraissait applaudir d'avance au succès d'un rival plus heureux que lui? Mais en reconnaissant aujourd'hui que ces lignes ne peuvent être de vous, attendu qu'elles sont en contradiction avec votre article du 6 août 1836, je cherche vainement à m'expliquer pourquoi vous avez gardé le silence lorsqu'elles ont paru.

» Ah! M. Fétis, pourquoi n'avez-vous pas réclamé? Vous m'auriez épargné tout le chagrin que j'éprouve de vous avoir déplu. — Franchement, convenez qu'il était impossible de vous jouer, ainsi qu'à moi, ce mauvais tour avec une bonhomie plus perfide.

» Il paraîtrait même que ce ne serait pas la seule fois qu'il aurait abusé de votre réputation; par exemple, je suis sûr aujourd'hui qu'il est l'auteur de l'ouvrage ayant pour titre: *la Musique mise à la portée de tout le monde*. Le public s'est rué sur ce livre en voyant qu'il portait votre nom ; mais chaque lecteur est fort désappointé en voyant que la musique n'y est à la portée que de ceux qui la savent déjà. Ne souffrez donc plus à l'avenir ces spéculations de charlatanisme qui gâtent toujours un nom aussi beau que celui que vous portez.

» Mais j'en reviens aux *Curiosités historiques de la Musique*, qui sont plus curieuses pour moi depuis que j'ai lu votre article du 6 août, inséré dans la *Gazette* du 28.

» Je sais ce maudit livre par cœur. Voici ce qu'on y lit page 153, ligne 13 et suivantes :

« Quelque jour on fera de la réunion des bonnes » choses qui sont particulières à chaque auteur, un » livre aussi parfait qu'il est donné aux hommes de » produire (*sic*). C'est parce que chacun a des idées » qui lui sont propres, qu'il est bon de multiplier les » ouvrages élémentaires. Il est désirable même que » l'on publie en France les bons ouvrages de l'étran- » ger, tels que ceux de Danzi, de Righini, de Hiller, » d'Asioli, de Wolf, etc. IL NE SAURAIT Y AVOIR EXCÈS » EN CE GENRE : CAR LES BESOINS S'AUGMENTERONT AVEC LES » PRODUCTIONS. »

» C'est moi qui ai souligné ces dernières lignes pour vous les faire remarquer. Or je vous demande ce que l'on doit penser d'un homme, votre parent ou non, qui imprime de telles choses, quand il devait bien savoir que la perfection était atteinte par votre traité élémentaire de 1821.

» Après avoir mis en parallèle la pauvreté de notre littérature musicale avec la richesse de celle des autres nations de l'Europe, voici comment il s'exprime, page 150, ligne 6 et suivantes :

« Y a-t-il quelque remède à porter à ce mal ? Je l'i-

» gnore. La nation est-elle arrivée au point où l'on
» puisse exciter sa curiosité sur ces matières? On se-
» rait tenté de le croire. Dans le dessein d'y contribuer
» autant qu'il est en moi, je vais jeter un coup d'œil
» sur ce que nous possédons, et indiquer ce qui nous
» manque essentiellement. Puissé-je ranimer le zèle
» de quelques hommes de mérite que le décourage-
» ment a conduits à briser leur plume, et voir un jour
» la littérature musicale française digne de soutenir
» la comparaison avec celle des étrangers ! »

» C'est après ce passage qu'arrivent ceux que j'ai déjà cités, dans lesquels votre homonyme, parlant comme un vrai prophète, annonce *un harmoniste futur* (page 155, ligne 23).

» Une chose m'a frappé, et presque contrarié pour vous, à la lecture de votre article : c'est une de ces contradictions monstrueuses qui prouvent que l'écrivain à qui elles échappent, ne suit pas dans ses ouvrages l'impulsion de sa conscience, et obéit à autre chose qu'à ses convictions; je puis me tromper, mais voici le fait :

» Vous dites, dans le cours et à la fin de votre article, « *que la science est maintenant arrivée à sa*
» *perfection.* »

» Vous dites au commencement « *que MM. Meyer-*
» *beer, Onslow, Paer et Rossini ne possèdent pas*
» *les premières notions des lois philosophiques qui*
» *enchaînent les uns aux autres les faits musicaux.* »

» Cependant ces grands maîtres ne sont pas comme certains musiciens, qui n'ont de mérite et d'esprit qu'au bout de leurs doigts; or, s'ils ignorent ce que vous professez avec une immense supériorité au conservatoire de Bruxelles, on peut induire de ce fait, rapporté d'ailleurs avec une excessive *politesse*, que ces notions philosophiques sont simplement dans votre tête, et non dans vos livres.

» En effet, si vous aviez publié tout ce que vous savez, de manière à ce que chacun pût le comprendre, qui aurait empêché ces messieurs de l'apprendre, depuis quatre ans que vous avez quitté la France?

» Par conséquent la perfection n'existe aujourd'hui que pour vous, et les Belges, dans le cerveau desquels vous la faites passer *comme vous transvaseriez un liquide.*

» Donc cette perfection dont vous avez le monopole n'a point été déposée par vous dans le petit traité dont il s'agit : car il est entre les mains de tout le monde, et chacun a dû l'y chercher en vain, puisque d'ailleurs elle appartient à L'HARMONIE FUTURE.

» Si ce raisonnement vous semblait absurde, tancez-moi bien. Vous voyez l'humilité avec laquelle je reçois vos réprimandes.

» Je vous prie instamment de remarquer que je me suis tenu absolument en dehors de la discussion, et que ce n'est point *M. Busset* qui a la hardiesse d'opposer ses idées à vos opinions, quoiqu'il eût pu le faire avec quelques chances de succès; mais il a voulu se borner pour aujourd'hui à vous mettre simplement aux prises avec votre frère ou cousin, et attend avec une impassibilité stoïque les explications que vous ne pouvez plus vous dispenser de donner, tous les lecteurs de la *Gazette* ayant été conviés par vous à assister au spectacle curieux dans lequel, renouvelant les histoires du bon vieux temps, vous deviez, nouvel ogre, me gober comme une mouche.

» Mais un scrupule me vient. Si vous étiez par hasard l'auteur des *Curiosités historiques de la Musique*, et de tous les ouvrages qui circulent sous le nom de *Fétis!*.... Horrible idée!... Alors je dirais simplement, comme l'Italien dans un grand péril : *Misero me ! ! !....*

» Si vous étiez en effet le seul auteur du nom de Fétis, je pourrais vous comparer à ce bon Lajingeolle, qui disait au moins franchement : *Prenez mon ours.*

» En effet, lorsque vous dites qu'il faut beaucoup écrire parce que notre littérature musicale est la plus pauvre de toutes, si vous aviez ajouté : *Prenez mes livres ;* mais n'en faites pas, ou sinon !.. je me serais incliné en silence et avec respect.

» Le lion, dans la distribution du produit de la chasse, avait au moins *l'équité* de dire :

» Mais si quelqu'un de vous touche à la quatrième ! ... »

Et cet avis salutaire préserva ses compagnons de plaisir du malheur qui m'arrive aujourd'hui.

» Si vous étiez l'*omni-Fétis*, je vous ferais encore timidement observer une autre contradiction fort curieuse entre le Fétis de l'article et le Fétis des *Curiosités.*

» Pour avoir avancé que les opinions des auteurs sont contradictoires sur la théorie, vous me traitez avec un mépris que je mériterais si j'avais menti : car j'ai surtout horreur DU MENSONGE ET DE LA MAUVAISE FOI, et je trouverais que ce serait trop peu de me traiter d'*incapable.*

» Mais si vous avez dit, dans le passage cité de la page 153, que ce ne serait qu'en passant en quelque sorte tous les ouvrages à l'alambic pour en prendre l'essence, que l'on pourrait faire un livre parfait, PARCE QUE CHACUN A DES IDÉES QUI LUI SONT PROPRES (ligne 17), vous voyez bien que c'est vous qui mériteriez l'épithète d'*incapable* si elle pouvait vous être appliquée, puisque je n'ai été en cela que votre écho.

» Donc vous reconnaîtrez avec moi la sagesse de ce proverbe vulgaire, qui nous apprend que si l'on veut cracher en l'air, il y a toujours quelques précautions à prendre.

» Vous soutenez qu'**IL N'Y A RIEN D'ARBITRAIRE** dans les règles de l'harmonie ! Alors, expliquez-nous comment, dans cette foule où vous comptez les auteurs par milliers, *chacun peut avoir des idées qui lui soient propres*, sans qu'il y ait **RIEN D'ARBITRAIRE** dans la manière dont chacun explique le même fait.

» La vérité aurait-elle autant de faces que l'œil du papillon a de facettes ? Je croyais qu'elle était une, simple, grande, comme tout ce que fit la nature. Jusqu'ici (je puis le répéter sans intention d'offenser personne) on a dit qu'il y avait des vérités de Normand, des vérités à la gasconne : prenez garde que les **VÉRITÉS A LA FÉTIS** ne deviennent proverbiales.

» Vous m'accusez d'aller à la légère, parlant de choses que je ne comprends pas ; je vous ai signalé le vrai coupable : faites-en justice.

» Mais n'y aurait-il pas plus de légèreté à vous de critiquer mon livre avant qu'il ait paru, et à vous mettre, ainsi que vous le faites, en frais de *joyeusetés* sur ce *Bouquin encore manuscrit*, qui pourra peut-être bien démontrer quelques-unes de vos erreurs, ainsi que je viens de vous signaler une partie des nombreuses contradictions dans lesquelles vous êtes tombé ?

» Vous verrez alors que je ne reculerai pas plus qu'aujourd'hui pour établir qu'une des choses qui, selon vous, doivent servir de piédestal à votre gloire, est une **ERREUR, ERREUR CAPITALE**, que je pourrais appeler autrement si, ayant acquis, comme vous, le droit *de tout faire* et *de tout dire*, je ne savais pas qu'il est des convenances qu'on doit toujours respecter.

» Cette lettre est déjà bien longue, et j'aurais cependant encore une foule de choses à ajouter. Si je m'arrête, prenez-vous-en à M. le directeur de la *Gazette*, qui me fait signe que c'est assez, si ce n'est déjà trop. D'ailleurs nous sommes gens *de revue;* et vous verrez, quand je serai un peu moins occupé, que je ne vous ai pas dit mon dernier mot.

» Je suis, avec les sentimens *qui vous sont dus*,

» Votre très-humble admirateur,

» BUSSET. »

Cette lettre, que j'envoyai à M. Schlesinger avec prière de l'insérer dans *sa Gazette*, fut refusée, attendu *qu'elle aurait jeté du ridicule sur M. Fétis.* C'est la formule *ne varietur* de M. le gérant *responsable*, qui ne répond que d'une chose: c'est qu'il observera scrupuleusement le traité secret qui le lie à M. Fétis depuis le moment où, par un *bonheur inespéré*, M. Fétis est passé de la *Revue musicale* à la *Gazette musicale avec armes et bagages, enseignes déployées, et tous les honneurs de la guerre!* Quelles armes et quel bagage!!..... quelles enseignes et quel honneur!!.....

Je l'avouerai sans détour, en apprenant la résolution *inébranlable* de M. Schlesinger, j'en fus médiocrement contrarié: je n'avais pu espérer de sa part un bon accueil pour ma lettre qu'en me renfermant dans certaines limites; et j'avais dès-lors passé sous silence une foule de remarques qu'il était impossible de ne pas faire en lisant le *singulier* article auquel je répondais. Je repris donc la plume pour remplir cette lacune, résolu alors d'en appeler à l'opinion publique, ainsi que je le fais aujourd'hui, attendu que dans ses attaques journalières contre tous les auteurs sans exception, jamais M. Fétis ne s'était montré plus aventureux, plus imprudent, plus *aveugle*, ou, pour me servir d'un proverbe vulgaire, attendu que je venais *de le surprendre la main dans le sac.*

En effet, si M. Fétis eût critiqué mon ouvrage publié, dont la *Gazette musicale* avait parlé avec éloge quelques semaines auparavant, j'eusse été, comme tant d'autres, réduit au silence : un auteur a toujours mauvaise grace (eût-il cent fois raison) de repousser des critiques, surtout lorsqu'elles viennent d'un homme *qui a découvert la base ÉTERNELLE non-seulement de la musique qui est à notre usage, mais de toute musique possible* (1). M. Fétis n'a pas craint d'attaquer de la manière la plus in...sensée MM. d'Ortigue et Berlioz, et de dire, en parlant du dernier, qui montre un si beau talent, et auquel le plus riche avenir d'artiste est assuré : « *A l'égard de M. Berlioz, je n'ai point nié qu'il » fît à merveille, dans ses compositions, et le vent, et » la grêle, et la pluie, et le beau temps; mais, encore » une fois,* TOUT CELA N'EST PAS DE LA MU- » SIQUE (2). » Or il est évident que j'aurais dû prendre pour des douceurs ce que M. Fétis disait de moi, si c'eût été à propos de mon livre sur la mélodie.

Mais je supplie le lecteur de remarquer que M. Schlesinger avait bien voulu dire lui-même qu'il ne s'agissait que de *quelques réflexions relatives au traité d'harmonie que je me proposais de publier* AVANT PEU;

Or M. Fétis ne me connaissait pas :

(1) Préface de la *Biographie universelle des musiciens* page xxix, ligne 21.

(2) Voir le feuilleton *du Temps* du 22 décembre 1832.

Donc il ne pouvait connaître mon manuscrit.

Ce manuscrit n'avait été déposé par moi ni à la bibliothèque royale, ni à celle du conservatoire, pendant que M. Fétis était le *conservateur* de cette dernière (1).

Donc ce manuscrit était resté entre mes mains.

Donc M. Fétis ne l'avait point eu dans les siennes.

Donc c'était par le désir de nuire, sans provocation, ou par une fâcheuse disposition à l'envie, qu'il en faisait la critique.

Donc, enfin, si l'on veut, il ne pouvait en parler que par prescience.

Il résulte de ce que je viens de démontrer, que c'est sur *quelques réflexions relatives* à un livre qui doit paraître *avant peu*, que M. Fétis voue au ridicule le livre et son auteur. Admirable effet de ce don de seconde vue que possède M. Fétis !.... de cette science des oracles et des sorciers, qui lui fait voir le mal futur aussi bien que JE VOIS le mal présent !

M. Fétis n'est point un oracle :

Donc c'est un sorcier.

Toutefois, en tirant cette conséquence d'un fait incontestable, je proteste d'avance contre la pensée qu'on pourrait me supposer qu'il a donné son ame au diable.

Je l'ai déjà dit, j'apparaissais en quelque sorte pour la première fois sur l'horizon musical lorsque M. Fétis voulut bien, sans me connaître, appeler l'attention publique sur mes travaux; mais, comme depuis long-

(1) M. Fétis, *conservateur intéressé* et appointé de la bibliothèque du Conservatoire de Paris, a été remplacé par un bibliothécaire qui s'est trouvé aussi *désappointé* qu'il s'est montré désintéressé.

temps sa réputation était arrivée jusqu'à moi, et que d'ailleurs le ciel a bien voulu me garder de la peur des magiciens et de leurs conjurations, des sorciers et de leur *sabbat*, sans redouter en quoi que ce fût les suites du cartel assez peu courtois que me donnait M. Fétis, je l'acceptai sans hésiter.

J'écrivis donc une petite brochure contenant exactement les détails qu'on vient de lire, et je l'envoyai à l'imprimerie. Toutefois, avant d'en faire faire le tirage, j'en adressai des épreuves à quelques amis, en les priant de me donner leur avis sur ce factum rédigé à la hâte, et que je croyais peu digne de publicité.

Tous, un seul excepté, me répondirent courrier par courrier, en applaudissant à ce qu'ils appelaient mon courage. Rien ne semblait donc devoir arrêter cette publication (1), lorsque je reçus la dernière réponse, sur laquelle je ne comptais plus.

Ce qui vient de se passer entre M. Schlesinger et moi, donne à cette lettre un intérêt d'actualité tel, qu'on me permettra d'en citer quelques phrases :

« Vous vous êtes ému d'une critique injuste et ridi-
» cule, me disait-on; mais qu'est-ce donc que l'attaque
» d'un journal, et surtout une attaque d'un Fétis!...
» Bon Dieu!.... vous pouvez publier votre brochure
» si vous le désirez, rien ne s'y oppose; mais à votre
» place j'écrirais seulement dix lignes à la *Gazette*
» *musicale*, et je m'occuperais de mon grand travail.
» Vous donneriez ainsi l'exemple de la patience et de
» la force tout à la fois. Il y a dans le silence quelque

(1) « M. Busset avait écrit en réponse une brochure qu'on » disait des plus piquantes, et dont nous pensions avoir à par- » ler dans le bulletin de ce mois-ci. Nous ignorons pourquoi » la publication en a été retardée. » (*Revue des deux Bourgognes*, octobre 1836, page 186, 3.e alinéa.)

» chose de mystérieux qui impose!.... Voilà mon avis, » ma conviction. »

On faisait le tirage de ma brochure lorsque je reçus cette lettre; j'en fis briser immédiatement les formes, malgré des conseils contraires; et j'écrivis à M. Schlesinger la lettre suivante, insérée dans le n.° 45 (3.e année) de sa *Gazette*, du 6 novembre 1836.

« *A Monsieur le Rédacteur en chef* de la Gazette » musicale.

» DIJON, 29 Octobre 1836.

» MONSIEUR,

» Un voyage à l'étranger m'a empêché de prendre connaissance, au moment de sa publication, de la lettre que M. Fétis vous a écrite de Bruxelles au sujet du fragment de mon ouvrage inséré dans la *Gazette musicale*.

» Bien que cette lettre de M. Fétis soit fort longue, et qu'il n'y ait pas toujours conservé le ton d'une controverse modérée, je ne lui répondrai que deux mots.

» D'abord, je ne croyais pas qu'il fût nécessaire d'une permission de M. Fétis pour écrire sur la théorie de la musique. Il faut absolument que M. Fétis renonce à l'idée qu'il s'est faite, savoir : qu'il a seul le droit de formuler et d'exposer les principes de cet art. « Un M. Busset que je ne connais pas, dit-il, » etc., etc.... » Je vous le demande, monsieur le rédacteur, qu'importe aux musiciens et au public, que j'aie l'honneur d'être *connu* de M. Fétis ou non? Que M. Fétis y prenne garde: il n'est pas, apparemment, plus infaillible que les autres hommes. Je l'engage donc à se méfier un peu plus et des gens qu'il connaît, et de ceux qu'il ne connaît pas.

» En second lieu, comme M. Fétis a beaucoup moins attaqué mon ouvrage qu'il ne s'est élevé contre l'opportunité de sa publication, je me dispenserai de la justifier moi-même, puisque, par une contradiction assez singulière, mon adversaire s'est chargé de ce soin.

» En effet, après avoir dit « que la science était complète et » parfaite, et qu'il n'y avait rien à y ajouter, » M. Fétis nous ap- » prend « qu'il formule par anticipation les règles de l'art tel » qu'il sera dans un temps donné, » c'est-à-dire « à son der- » nier période d'avancement. »

» Or, monsieur le rédacteur, ma prétention est toute simple. Je ne gêne en rien M. Fétis dans sa *formule* de l'art *futur* : qu'il veuille bien m'accorder la même liberté; c'est là tout ce que je réclame de l'omnipotence de M. le directeur du conservatoire de Bruxelles.

» Ainsi, monsieur, je reste volontairement sous le poids des autres accusations de M. Fétis; et quant au fond de la discussion, j'en appelle à la publication prochaine de la seconde partie de mon travail. Ce sera là désormais toute ma réponse; et, de cette manière, je crois donner une marque de modération, et peut-être de force, dont mon adversaire a offert rarement l'exemple.

» Agréez, etc.

» *Signé* Busset. »

Je demande pardon au lecteur de tous ces détails, dont plusieurs sembleront peut-être plus inutiles encore que fastidieux. Si l'on m'adressait quelque reproche à cet égard, voici ce que je répondrais : Avant d'être le commentateur de M. Fétis, j'ai dû nécessairement remplir le rôle d'historien ; *non d'historien de faits plus ou moins réels, d'hypothèses plus ou moins certaines, d'opinions bonnes ou mauvaises*, mais de tout ce qui s'est *bien réellement passé* avant la nouvelle incartade de MM. Schlesinger et Fétis.

L'estime publique est le premier objet de mon ambition. Pour la conquérir, je dois convaincre le lecteur, et pour le convaincre, il faut de toute nécessité que je l'éclaire ; or il m'a semblé que le seul moyen d'y parvenir était de le faire assister en quelque sorte à tout ce qui s'est passé, puisque ce n'est point sur un fait isolé, mais bien sur la réunion de tous les faits d'une cause, que le verdict doit être prononcé.

Le public peut apprécier maintenant une partie des motifs qui m'ont déterminé à prendre à mon tour l'offensive; il en est d'autres que je ne tarderai pas à faire connaître.

BUSSET.

FIN DE LA DEUXIÈME PARTIE.

DIJON, IMPRIMERIE ET FONDERIE DE DOUILLIER.

www.ingramcontent.com/pod-product-compliance
Ingram Content Group UK Ltd.
Pitfield, Milton Keynes, MK11 3LW, UK
UKHW022003260726
13994UKWH00004B/1932

9 782329 386904